# Cuerpos pasajeros

Eli Tolaretxipi

# Cuerpos pasajeros

Ediciones Trea

Primera edición: octubre de 2025

© Eli Tolaretxipi, 2025

Motivo de cubierta: Eli Tolaretxipi, 2025

© de esta edición:
Ediciones Trea, S.L.
C/ Gran Capitán, 52
33213 La Calzada. Gijón (Asturias)
Tel.: 985.303.801. Fax: 985.303.712
trea@trea.es | www.trea.es

Dirección editorial: Álvaro Díaz Huici
Producción: Patricia Laxague Jordán
Dibujo de colofón: Javier del Río

Depósito legal: AS 02319-2025
ISBN: 979-13-87790-51-6

Impreso en España – *Printed in Spain*

*para Álvaro Díaz Huici*

# *Cuerpos pasajeros* de Eli Tolaretxipi
### por *Ángela Bonadies*

En *Cuerpos pasajeros* de Eli Tolaretxipi se suceden, superpuestos e intercalados, paisajes, imágenes, escenas, sueños, viajes, materiales, palabras, objetos y órganos escritos con una pluma filosa como un bisturí que los disecciona y derrama sobre la hoja.

> El cartílago como algo de papel vegetal,
> de este papel ahora.

En sus poemas percibimos que algo inquietante sucede, sin desvelar la evidencia, manteniéndola en una oscuridad lejana a las pistas que iluminan la novela negra. Aquí, al contrario, la evidencia queda atrapada en el enigma: palabras solitarias que se esparcen y caen entre dolores mudos y cromáticos

> como manchas de color granate
> o cormoranes que se pegan a los ojos.

Es difícil ver lo que no se ha visto, entender lo incomprensible, palpar lo fragmentado. Se impone la extrañeza y la sensación de estar «cegados de verdad» por una naturaleza que fluye también rebelde. Los poemas aquí son caballos salvajes que montamos a pelo y lo real se pega a los ojos, que arden, siguiendo un paisaje tembloroso, fugitivo, hundido.

«Lo raro —escribió Mark Fisher— es aquello que no debería estar allí. Lo raro trae al dominio de lo familiar algo que, por lo general, está más allá de esos dominios, y que no se puede reconciliar con "lo doméstico" (incluso como su negación)». En esa rareza navegan estos versos salitrosos, entre mareas, animales, lluvia, vuelo, bosques y ausencias que no se reconcilian con la habitación propia en la que se escriben:

> Palabras, caracoles lentos
> que se deslizan entre
> los hilos que cubren el piso

Los hilos, las cuerdas, los cabos, se ven desatados y sueltos en este libro. A veces gusanos, a veces hilachas, hebras, pelo, pelusa. Cuerda tensa, vibrante, que se mece, laxa, suelta, desenrollada, floja, sin nudo, rota.

La cuerda en todas direcciones
sin cabo; tiempo sin cabeza

No hay cuerda en el sueño a la que agarrarse.

El «no» es una presencia recurrente en los poemas de *Cuerpos pasajeros*. Un «no» económico y duro, tajante, que subraya la imposibilidad. Un «no» cercano a las formas poéticas anglosajonas que evoca, por ejemplo, aquel verso inicial de Gerard Manley Hopkins: «I wake and feel the fell of dark, not day». Y Eli Tolaretxpi podría replicar:

El reloj marca otra hora;
no debería estar ahí, es mucho más tarde
de lo que parece.

Se superponen voces silenciosas con descripciones de fotografías, de poetas, del estado del tiempo, de portadas de libros; aparecen paradas rítmicas, como una canción que se traduce de memoria:

¿quién llama? ¿de parte de quién? (Leonard Cohen)

Voces cercanas, que se quedan en la memoria y se escapan, que desaparecen, que definen el silencio como lo hizo Clarice Lispector: «los oídos se asombran, la mirada

se desvanece: helo ahí. Y desde entonces, él es fantasma».
En los poemas de *Cuerpos pasajeros* esa voz que se silencia
queda también suspendida, sin representación, presente e
invisible:

> No hay cámara posible
> para este rostro sin copia
> ni reproducción que pueda con esa voz
> la voz sin cara que emitió aquellos sonidos,
> la que caía en un fondo de saco, de pozo

«Hacia la muerte como caballo desbocado» se dirigen
los poemas de Eli Tolaretxipi, que convocan una polifonía
poética que se cuela entre los versos, muestra las entrañas
de una tradición que canta, salta, nos asalta y abre pregun-
tas sin respuesta para, finalmente, arrastrarnos al «desor-
den biográfico de la poesía».

Mirar el suelo,
mirar fijamente el suelo
hasta desgastarlo,
hasta convertirlo
en una blanca astilla
de aire.

ANXO PASTOR


[…] was it, she wondered,
that the line on the wall wanted breaking […]

VIRGINIA WOOLF

Indiferente, distraída
canta bajo, indescifrable, o silva
frente al bloque torcido;
soporta las mareas con la varilla corrugada
que le sale a un lado de la boca rígida.
Mar frío avanza a gatas,
envejece y rejuvenece
pierde color bajo el sol ajado.

Hombres de hierro, a veces solo la cabeza
luego el cuerpo entero
en el horizonte de aspas y turbinas,
diseminados pero firmes, bien anclados;
al fondo, el mismo cuerpo repetido
en muchos que nunca se ven del todo.
Inertes, solo se mueve lo que circunda,
están atadas al paisaje estas figuras.
La manía antropomórfica,
reconocible, sin misterio,
pero estos perturban, no pasean, no representan a nadie
son el mismo en su repetición, en la distancia, en la
                                                    [cercanía.

Pero hay furia.
Nunca es igual el amor.
El agua llega hasta el paseo.
Furia sin frío.
No hay navegantes ni nadadores, pero
se ven las luces de un barco que no va a la
deriva. Luces de barco firmes en un mar descompuesto
[y frío.

Atrapados por la marea que sube
un muro a sus espaldas
de la pared salen peldaños de una escala
de hierro oxidada, suben y continúan con su vida
como si nada, canturrean o se hablan
a sí mismos, o el gato se coloca de espaldas
me calienta el brazo el lomo
me llena de rayas de pelos blancos.

El reloj marca otra hora;
no debería estar ahí, es mucho más tarde
de lo que parece.
Debería haber pasado por ahí unas horas antes
pero aún me quedo mirando las flores
por el camino de los círculos
el estanque y su pared de libélulas,
dragones voladores y damiselas
buscando el insecto del dibujo.

*Fiat*

No están ahí en la orilla
ni en el centro del río
ni en los recodos, ni en el lecho.
Se queda dormida, voces la despiertan,
roces, lomos de gato, lengua, pezuñas,
suena el agua que salpica
se oye detrás de la puerta cerrada, pero
no es ella quien la besa, quien la despide
o se despide; es otra quien se despide
ante el quicio, pero dentro, ahí adentro.
A donde no se puede llegar, tan detrás.

No se puede romper. No se rompa ahora,
no se rasgue, sea blanda, elástica,
o desmenúcese, sea arena o goma,
goma neumática de los botes que chapotean,
sea el chapoteo, el golpe de las manos
contra la colcha,
sea la cosa que vibra, se mueve
sea la mano abierta que cierra el agujero
de la casa, sea lo que mana
la piel que se moja.

Fotografía. Imposible de enfocar.
Una mujer que se llama como la madre
aparece en el camino del acantilado con un perro.
El hermano en una universidad de Portugal, las baldosas
estropeadas por el clima, ajadas o cuarteadas; el tren
con la madre y los bultos, otros bultos que hay que
encontrar, esconder, llevar, somos bultos
llevados de la mano de ella.
No sé si llegamos, ni a dónde, ni siquiera si nos bajamos,
si aún seguimos en ese tren.

Quiero mirar debajo y dentro de las cosas.
Detrás, el ángel del norte pasa, se detiene
a punto de echar el vuelo, se mueve en el paisaje,
se quedan pegados a la ventana los ojos.
El, atrás, sale, un poco movido.

# Lunáticas

I

La saca afuera
al patio donde está el baño,
la sangre absorbida
por un paquete de tejidos
envuelto en un plástico
que no tiene sentido
como un pescado que sangra
o un hígado,
no ve el interior pero lo palpa.

La viscosidad del rojo
era de ella, adivinó el color
más tarde.
Hay una taza igual,
de peltre, que humea
un líquido vaporoso que suena como
aquel estampado que llevaba a menudo.
Avanza lo uno, sin tiempo el sueño.

## II

Coleccionaba ojos recortados en revistas
ojos que veía aquí y allá, en la memoria
colores y formas vagas, deformadas
reconocidas algunas en piscinas, charcos
ojos sueltos de la cara cosidos a la hoja.

Adormecida la yema, entumecida
por el jugo pegajoso que le sale al fruto;
cortes en las yemas ásperas
surcos que se llenan de tinta
se raspan en los contornos.

Luna creciente al revés
mecida, muy cerca, bella, no absoluta.

III

En la parte baja de la calle
a la sombra, una figura blanca y rosada
recostada en la pared, con un sombrero gris
sostiene un libro en la mano.
Ha sido aserrado y le queda el recuerdo
de un dolor y de varios días en negro.
Al lado hay una puerta
que podría ser un puente entre los dos estados,
dos cilindros blancos que un espectador podría
atravesar para ir de un lado a otro
para ir de un espectáculo grande a otro más pequeño,
como el que ofrece la luna que crece al revés
al otro lado del paseo.
Al otro día eclipsada
se va destapando lentamente,
la veo desde la hamaca o la bicicleta
la sombra que deja paso al volumen o a la bruma,
globo cuarteado, piedra vieja,
miles de fragmentos de Theia
que se unen y se recomponen
para que ella se quede suspendida
y yo la siga mirando en mudez,
petrificada la palabra fósil

la palabra, fósil, teñida de rosado,
sofocada, deshidratada, iluminada.

# IV

Mudas, las dos, ella ya explotó
y dijo lo que tenía que decir
pero yo no estaba, nadie estaba
cuando reventó, ni se sabe por qué.
Hay fogatas al borde del camino.
La mujer desdentada con su turbante
presta una azada. No se pueden
tocar los hormigueros, cráteres rojos,
perro rojo que corretea alrededor.
Se sienta a sus pies, sale una araña
con mucho pelo y la boca roja.
Le deja subirse al palo
y la saca del terreno.
Consiste en amarrar, acotar, trenzar,
será lo contrario a desatar las palabras.
El cielo se vuelve lechoso por el humo.

Las piedras, el polvo, la hierba
rebotan en la mente
palabras disueltas, repetidas, más blandas,
pensamientos elásticos, briznas, zarzas,
movimientos del cuerpo, el tiempo
en el cuerpo, brisa, semillas, pelusas,

disolverse ahí,
pero rescoldo y tela o cortinas chamuscadas,
la membrana inflamada.

V

Esfera, bola, ¿redondez?
Con gravedad
sin ella.
No le puedo hacer nada a la esfera
me pierdo en sus manchas, sus rayas
canica fría de los juegos, tiene otros
nudos dentro, espacios globosos
extravío en sus puntos de
referencia, resbalo
descolgada por sus aristas que no son.
Desafecto, abandono, indiferencia
no me aplasta, salto, la esquivo
por no dejar de mirar adentro
pero no se cae encima.
Lisa, suave, no familiar ni cercana,
con sus tripas de colores
sin grumos, impenetrable
tiene, contiene
en sí misma; hacia dentro
la espina, el aguijón
pero no toca.

Algo hubo que tuvo y no dio.
Vira, incluso los colores giran
y se suspende, se aquieta
en equilibrio.

Lo contrario al desmembramiento
a la falta de dirección
de orientación, ya
no se está allí;
no en medio sino en él
porque nada más se sabe.

# VI

No cae encima pero
de algún modo aplasta;
¿aplasta? Depresión en las
costillas, hundimiento,
cáscara bajo los pies
guijarros, cristales pulidos por
la mar. Entró en la
heladería sin mirar a los lados
en línea recta apareció
leve, a saltos como el mirlo;
misterio de tiempo simultáneo a los
pájaros en la cabeza, nombres de
árboles, los que surcan arroyos,
los que marcan lindes
pero árboles de los bordes, hojas entre
páginas, la mano que sujeta la cabeza inclinada.

## VII

Desde este ángulo
la mata de bambú frondosa;
le pido que se coloque delante,
recordar lo que golpea contra las
ventanas de su casa; lo siento
como una emergencia, aquí
pero lejana, allí donde no se
consigue esto, multiplicados al vacío
los deseos que chocan contra el
hueco que deja lo que no ha sido
reemplazado, ha sido descontinuado; agua de
coco habrá que verter en los vasos
de alcohol imaginario, paisaje con torrente
sanguíneo, agua de coco en su abrupta
partida; corte, tajo, con palabras brutas
lo arcaico del dogma, la idea de
piedra fosilizada, no lleva a lavar
ninguna herida
ni las manos.
El coco verde
abandonado sobre la mesa
coja, el pitillo de plástico gotea,

se mecen como en un baile
pitillo y coco sin ritmo
desconcierto triste.

# VIII

Sostén, sujeta
no de la mano
manotazos al aire
al agua, rasgar la guitarra hasta
que se arrancan los dedos que
ya no son suyos, agarrar una
manzana y comérsela, la violencia es veloz, voraz
sin respiración; atragantarse
con los trozos, por eso la tos la necesita,
tos de perra
como dormirse a su lado,
ver el vello que sobresale del bañador sobre las ingles
no tocarlo, pelos que se vuelven hebras
de tabaco enrollado que se manosea y no se consume.

# IX

Vuelve en sí
y de nuevo se mete en la caja
los huecos se inflan
el cojín de la joya es lo que sube
la piedra sin pulir.
Me dice algo y no titubea esta mañana;
se alisa el pelo
salen abrazados
se piensa que no hay lugar para ella
se evita doblar la esquina
aunque el cuerpo tire y se gire.
No se vive en la caja
porque es preciso ver la roca suspendida.
En el cielo arrugado
la roca ciega.
Se sienta sobre el centro
aunque el centro sea íntimo
se sienta dentro
el hueso de un fruto a medio comer
pero no cree que sea el centro del deseo
la roca que se ve desde el tragaluz, colgada
no está en el centro; desde distintas ventanas
se ve y no cae encima, pero persigue

al autocar medio vacío;
el viejo que necesita un médico
no es por teléfono que habla, en sueños y entre
toses, el rumor, gorgoteo de las flemas, a nadie le
habla salvo a sí mismo, dentro, su centro,
porque el conductor ha cerrado la puerta y hay que darle
golpecitos si se quiere algo, sobre el clima, el
paisaje, a quién vio, con quién se encontrará,
pero es de noche, salvo las luces que atraviesan
el techo, constelaciones que viajan a otra velocidad.
En sus ojos, como si tuviera parientes, alumnos o
fiebre. Gorgoteo de flemas agitadas en la caja
contorsiones de la tos, el reposabrazos deja
una huella en la caja de las costillas.

El hombre y su anhélito
su pulso filiforme
al filo de saber algo
la irrupción inesperada
de varios chigüires que paran
el tráfico como si detuvieran
la noche, absorbieran la luz
que cae siempre a la misma hora
se la llevan ellos
al cruzar la carretera y la estación
de servicio. Bajan hacia el río

comen hierba, no la roen
comen como de memoria, no dejan
de mirar con sus ojos enormes.
No sé si él los ve
entregado a su mucosidad
a su carraspeo
a su soliloquio
ovillado como un gato
o abrazado a su almohada; algunos viajan
abrazados a su almohada.

Se apagó el hechizo. Tierra roja
tan roja como el barro de la represa
que estalla y devora; roca rosada con destellos
dorados por la incidencia de la luz
en la sala de los minerales.
Oro negro en brazos negros.
Cuelgan del arbusto esponjas
como pulmones que se airearan.
Palmeras, sorgo, soja, eucalipto.

El deviene porque no tiene arraigo.
Sin encuentro en la estación fría.

X

Ronca, sin aliento, se fatiga
se envuelve en un rincón
mientras lo otro sigue irreductible
como un despeinado, como un alboroto
en la zarza llena de moras;
muscular, se descentra
tira hacia un lado
hacia el lado donde ella ha quedado arrumbada
con la cosa que no quiere salir ni gira
pegada a la piedra seca y empolvada.

# XI

El camino circular en un sentido y en otro
se suelta el aire caliente
el piso desgranado vuelto polvo
zarzas que dejan heridas en la huida inexplicable;
quiere destruir y no sabe, pero
no se repite el acto
sino la sensación;
el dolor en miniatura, el daño que apenas deja marca.
Pero sigue ahí como una tela o la liana del muro
que se tocó porque venía bien que la liana existiera
en el muro; lo que hay entre el lamento y
la barcarola, el arroyo
donde se baña, reducto de intimidad
la piedra mojada llena de puntos
minúsculos como zonas de bien o de mal
en mapas de un continente;
los zapateros tejedores patinan sobre el agua.

## XII

¿Impulso de tocar
es lo mismo
que deseo de tocar?
Borroso miedo. Intento en miniatura.

Lo mirado astilla los ojos.
Desde la superficie se ve el quiebro
pero no desde dentro;
dentro está mojado y brilla y es silencioso
o turbio por la sombra del frío.
Una pretensión de grito ¿serviría?
Anterior al grito que nunca se oyó,
pero ahora, como si se pudiera ya gritar.

XIII

Le lee un cuento de Silvina Ocampo
sobre la cama revuelta,
en calma desecha la cama con
manchas de tinta en las sábanas.
Por la ventana abierta
entran granos de arena, agujas de pino
pétalos de ciclamen amoratado;
sopla el viento de las euménidas
el de las erinias
una pierna estirada,
casi le clava el talón en el sexo.

## XIV

La no espera
sería la desaparición.
Se desinfla.
Cree que ha pasado
pasa, la masa anaranjada
la masa a la que no se le puede clavar
el puñal (Alfonsina Storni).

No se le inocula nada a lo bello.
No se le intoxica, atosiga, ensucia.
No la prueba. No la toca. No se queda.
Ni un pie dentro del agua.
Ni la navaja ni el diente
frente a la esfera. Se queda
sin restos en la boca.
Los labios, la lengua, sirven solo.

Parece el último río.
Deseo de que sea el último río.
El agua anaranjada y la esfera.
La no espera de la música en cadena.

La cautiva frente al muro oscuro
encadenada en música
anonadada después cuando
la melodía se enajena
embelesada como si hubiera besado
y se imagina una mansedumbre
de color naranja
de color de sangre oxidada
en tela de años o paños
en estancias frías con baldosas
blancas o amarillas.
Se tapa la cara con las manos ahora.

## XV

Sentadas, con las piernas colgadas en salientes,
alguna de pie, de cara a la pared
o recostada en ella, o de espaldas,
animadas pero torpes
con una turpitud deambulante
alimentan la imagen
y la vuelven redonda, tan voluminosa
como lo que no se entiende;
el juicio, tan alejado del sueño,
no deja de querer darle sentido
y ellas ensueñan en lo suyo
con la cara ovalada, los pelos largos
sueltos, o los moños deshaciéndose
en dedos de otros
con desaliño; se van borrando
como materia deleznable,
se van diluyendo en la imagen grumosa
como si fueran arenisca
frágiles pero sujetas, compactas
sin ropa, entonces, las veo
o me las imagino
moldeadas como figuritas;

los brazos sobre el vientre
casi no rozan los pechos.

# XVI

Colgadas en la pared, en perenne apnea
parecen bailar, mirar la misma cosa,
un hilo que va de una a otra
una especie de conexión.
El cuarto es otra cosa, el cuarto
es un gabinete, pero ellas no viven
pendientes de él ni de las visitas.
No oyen lo que ahí se dice.
Ahí dentro hay un azul que sugiere
un aire que ellas no respiran
una emanación azul y fría que despeja.

Respirar hondo hasta desmayarse
por no poder ver lo que ellas miran
algo que solo ellas poseen.

Meciéndose, cimbreantes, dan pasos
pero están inmóviles en su caja de tiempo.
No sé si están ahí para que yo me fije en ellas
me fije y observe mi incapacidad
para descifrarlas; algo de mí dicen
para que yo me haya detenido aquí
en este espacio suspendido

donde dar es decir, es decir,
es un decir.

## XVII  *Copia sin rostro*

Detalles mínimos, atracciones insignificantes.
LORENZO GARCÍA VEGA

No hay cámara posible
para este rostro sin copia
ni reproducción que pueda con esta voz
la voz sin cara que emitió aquellos sonidos,
la que caía en un fondo de saco, de pozo
de caja sin forro
más allá de los brazos;
estuche vacío
pared hueca
casas con ventanas tapiadas
brazos cruzados,
un ligero encogimiento de hombros
un estado retraído, aletargado, meditabundo,
sin deseo de conseguir la copia del rostro.

XVIII   *Rostro sin copia*

Como si el amor todavía;
desde el tiempo anterior
hasta.
El fin no está dentro del cálculo.
Al fondo del valle
el sauce solitario y la hierba que
danza a su alrededor
peinada, despeinada
el valle sin salida,
resuello.

Si aún pecas
o cabello rojizo
o de qué color
castaño o tilo
ni en qué estación.

# XIX

El tiempo ha pasado de largo.
Thomas Mann

Más que perder algo es estar perdida.
La cita es al pie de la escalera
no en la escalera; en la escalera una
se pierde y se encuentra con
el recadista del carnicero.

No es en el rellano en
el que una está sola;
es más adelante, del lado izquierdo,
al lado de la escalera
una especie de luz verdosa
pero ahora no importa la estación.

Cuando le da la errancia una
se aturde y baja a
gatas, o en sueños sobrevuela
los pisos y cae, regresa
al rellano, desde donde recomienza
la búsqueda de la puerta que es, que sea,
una tabla marrón barnizada con alguna marca.

## XX

Él se hace el loco
y yo lanzo botes de cristal
desde la ventana del cuarto.
Hoy le he llevado la burla
—por lo de él— digo, equivocada la
preposición, al espacio del cuadro
donde las jóvenes juegan y bailan; pero
es otra la que sube con voz de hombre
desde el fondo del jardín de la hierba
larga, descolorida, raquítica; y es otra más
la autoridad, la autora, la artista
que se ha tragado a la anterior y hace mirar dentro,
desempolvar archivos y documentos.
Cuando cree que no sabemos
intuimos otra mentira, algún derrumbe,
no esperamos; nos empeñamos en otros asuntos
o nos damos golpes en la cabeza contra la pared
y seguimos inventando.

## XXI

La aguja es dedo de esclavo
que cose desde dentro de la máquina
perfora la tela que corre mesa abajo,
traqueteo y vibración del pie sobre el pedal
dedo de aguja atiborrado de electricidad;
el motor calienta el aceite del depósito
olor a tela, pierna, calas de talco
en el suelo, hilos dibujan
ciudad cuadriculada, flores, un estanque
vías de tren de goma negra, una lata
azul, gris, del mismo color que la máquina
aplastada en medio con un hombre dentro.

## XXII

Crea mientras remienda
sacude la máquina
la mano, la pierna
da vueltas, mano elástica
mano dura, blanda, tensa
llega hasta el límite de la rueda
jirones de la tela
conmociona
la aguja penetra el dedo
desgarra corta
aguijón de aguja
aguijones de niebla fina
en la noche de la planicie
haces de luz amarilla
penetran la faja de vapor
pequeños tubos azules
serpientes
en la superficie lisa, brillante
de miel desparramada
hasta el borde de estrías secas, escamosas
toc toc de zueco
cruje la aguja
casi ruge el motor

por el pedal bien pisoteado
al cuello
la desmesura del metro
como un trozo de piel que
le han desollado al espacio.

## XXIII

Abyecta en el suelo
sigue inquieta
ilusa
no se sabe si se sale de sí
o con la suya
será lo mismo, pero
ni en un ojo ni en el otro
ni en una pierna ni en la otra;
simetría fútil de la ilusa,
que la busca, cree creer en ella
crea simetría, pero no hay modo de encajar
ni alfileres suficientes para sujetar,
simulacro de simetría
y la obra se cae
sin concierto, y alfileres devienen palabras
con la punta oxidada
en el suelo
ejercicio de ilusa
abyecta, inquieta en abismo
como suelo
como suele
suceder.

XXIV   *Palimpsesto*


> Pero el tiempo frena el tiempo que se necesita.
> Empareja la velocidad.
> SAMUEL BECKETT


Tomo las últimas fotos del rollo
treinta y seis, pero puedo seguir
disparando, puedo seguir dándole vueltas a la rueda de
[avance.
El contador indica doce ahora, habrá doce
fotogramas superpuestos en la película
donde el pasado queda por debajo de la imagen
nueva que he querido aprehender,
las doce primeras fotos
nuevas en cuyo vacío impregnadas
había luz de paisaje, motivo;
lugares, figuras
de otra vez más
una encima de la otra
que saldrán positivas de este doble
negativo. Fotos montadas, decía de niña,
se me han montado varias fotos
porque se me ha olvidado darle a la rueda

y no recuerdo el número de la última
ni cuántas he hecho hasta ahora.

Luego.

Sacar fotos sin película.
Lo inmaterial aplaca la furia del ojo.

Repasarlo en la memoria
el placer estético, espectro
pictórico, pintoresco, familiar, mínimo;
rollos de película bobinados
con la lengüeta bien enganchada
en la ranura del carrete de rebobinado,
no importan los números
no sé si la rueda gira hacia el mismo lado.
El disparador no se ha frenado.
La rueda es un tope sin fin.

El cilindro del objetivo se atasca
o se desencaja si se tira demasiado de él;
olvida si es a favor de ellas
o al contrario, en contra de las agujas
como el agua que se va por los distintos desagües de
los hemisferios del mundo,
pocetas, tazas,

a ellas se asoma, se queda un rato
da un paso atrás. El curso la lleva
a salirse del camino, distinto ritmo,
distinta vibración, tiembla,
pero sin danza, anémica la vía, ahí se
suelta, un suspiro, un ojo, un perro
se aprieta un dedo, el disparador no se atasca
se le pone fin al movimiento pero
el espectro no aplaca la furia del ojo.

## XXV

Por debajo acecha el peligro
la tabla se desliza sigilosa.
A tantos metros
el dibujo de su movimiento no
obedece al viento ni a la marea;
algo lo guía en el fondo
no un miedo que anticipe un alboroto.
La línea de su movimiento
después de mirar en la superficie.
Bajar de lejos.
Bajar solo.
Mirar por debajo.

## XXVI

Como se hace
debajo de la alfombra para ver
frambuesas oníricas, pilosas
porosas, cloróticas, mirarlo por debajo,
mirarlo del otro lado o por dentro, pero sin mucho
acercarse; husmear, perseguir el rastro que en
algún momento se perdió, aunque sea
sin firmeza, sin tocarlo mucho
(porque sigue habiendo una película entre
las manos y las cosas, los ojos y las cosas).
Para saber algo, saber que se puede o no se puede
ir más abajo aún, soltar, saltar
y que la lluvia se ponga seria
que el jinete pierda apoyo
que el pie quede en falso.

## XXVII

A dejarse llevar por ella,
la tabla que apareció en tal instante
en el que no se hacía pie,
pero sin alboroto de pánico.
A un costado.
Si lo deseo me acuesto, me lleva;
si consistiera en eso, en no saber a dónde
en no preguntar ni siquiera eso.

# XXVIII

El sueño hermoso. No tener más de un tiempo que hacer.
SAMUEL BECKETT

Con el tiempo en la mano
en el oído, el río se desborda
cubre el paseo, camino rápido
debajo de los tilos; se mojan
los zapatos; veloz el río
baja caudaloso y oscuro
va perdiendo densidad a medida que
se desborda; no se ve el fondo;
en la superficie, ondas, pliegues de luz;
el río corre, ni él ni yo nos detenemos,
aunque el ritmo sea distinto.
Deseo meterme en la corriente
bañarme en ella, dentro de esa
desatada masa sin tope
que no deja de tener un límite.

# XXIX

Decir, vamos, y quedarse quieta,
desear que el tiempo no pase por ella, pase de largo;
vuelven los subterráneos, los pasadizos internos, la reja,
las trampillas, la humedad, las grietas, las marcas en el
                                    [suelo,
el polvo, los arañazos en la madera;
la nebulosa de ella, la espiral, por el plano
como si no estuviera;
—la piedra con la superficie jabonosa—
La nebulosa no tiene consistencia:
el amor por la inconsistencia, la indeterminación;
enferma, por un instante, de miedo, o de tanto mirar,
no más de un tiempo, logrado en un marco,
desenrollar la cuerda
anudarse los pies,
no sé si va a quebrarse
nebulosa en espiral, en remolino.

## XXX

¿Verse mirando?
¿Verse mirando qué?
No se puede salvar para la vida,
y más golpes de la cabeza contra la pared;
cuanto más golpea, más la luz parpadea
y se queda encendida.

## XXXI

La mujer no es la sombra.
Fue la otra la que la dejó.
Esta no.
Esta parece tener volumen y
deambula;
se desliza por el plano,
se escabulle, se escurre.

Dejo la sombra.
A ella, la sigo con la mirada,
como si no estuviera yo aquí
por el plano, o
entiendo que la puedo introducir en un marco,
quedarme con ella así,
sin no querer
salir al paso
salir del marco
entrar en el marco.

# XXXII

Entre el yo que se mantiene en carne viva y el yo que
quiere alimentarse de ella.

BERNARD NOËL

Ahora no.
Lo toco con la mirada,
lo roza
sin invadir
sin penetrar.
Otras preguntas:
qué se salva para la vida
a quién se salva
porque no se vio a quien se miraba
a quien no se salvó.
Se miraba, solo, aunque hubiese amor.
El corazón y la cabeza: un acerico.
No había nada que hacer
salvo saber de dónde se viene.
Cuentos que aún revuelven el estómago.

## XXXIII

Cuentos que aún revuelven el estómago.
Recoge piedras de lechos y orillas.
Las ordena, las arregla según los días;
cae, pero no en redondo ni de golpe;
se cortaría con alguna de ellas.
De ésta puedo decir que la recuerda.
Le da vueltas entre los dedos
la sostiene en la palma de la mano:
destaca: engrasada, pulida, mojada aún.
Bruto creerse ahí dentro e inventar.

# XXXIV

*Feria I*

Toca con la escoba el pelo ralo
hilachas secas se rozan, se enredan,
sin luz dentro, o luz intermitente
a medida que puertas batientes se abren y se cierran
dentro de una especie de intestino
con vagón sobre raíles, sin música,
o vaivén alterno del carro en el cuerpo
la oscilación, agitación
entre carriles y ruedas
roces del ojo con pieles oscuras
ojos oscuros embozados en rojo
a gran velocidad
un sinfín del que no es posible apearse,
fin que no es objetivo
tope, final, freno; fuera
una gran decepción.

# XXXV

Un puente agujereado por el que cuesta avanzar
esquiva los huecos, le repele la caída
pero no la visión de esa mezcla verde y azul del agua.
Considera esa tendencia a caerse
o a figurarse la posibilidad de caer
—la señala— a lanzarse
aunque prefiera andar perdida
pise con cautela
solo sepa dónde está
o lo crea;
una suele saber dónde está,
lugar vago, aproximado,
próximo a una música frente a la cual
se ve obligada a mostrar lo que cree que tiene o trae
desnuda ante esa figura muda.

# Cuerdas sueltas

# XXXVI

La cuerda parece saber     una la lanza
salta     se enrosca         se enreda
se atasca         se tropieza         se aprieta
alcanza algo     se suelta         se acerca
se encallece las manos     trepa cuando no sabe
muy junto y pesado montón de cuerda
áspera   floja       de muñeca       de reloj     de doma
miedoso uso de la cuerda         no se sabe anudar
se sujeta             la sujeta         detenerla
no es cuestión de tenerla
sujeta     detenida.
Recuerdo.
No se acuerda.
La discordia.

## XXXVII

El hombre anda suelto
igual los perros
pero no esos que ladran
en la casa vacía de al lado.
El hombre anda suelto
en el baldío, sueltos
los zapatos sin cordones
alrededor de los dedos de
una mano, una goma
en la otra, cabo suelto,
anda suelto
o perdido, laxo, al límite,
el andar, el caminar
flotante, en terreno seco
en el baldío, en la arena
movediza, se hunde un poco
pero en ningún terreno se pierde
aunque sin saber dónde anda ahora.

## XXXVIII

No hay amarre, no hay barco,
el cabo está suelto, revolotea
sobre la parte seca de la arena,
en el baldío; no se percibe el
desgarro, si lo hubo, no deja marca, son
señales que una ve y mira;
no los ata, los cabos, no la atan.

## XXXIX

No hay donde esconderse,
donde taparse;
le da igual el clima
sigue ahí en el descampado
en lo ralo, en el baldío,
nada lo cobija, el cordón en la mano.
Alguna vez estuvo mojado
quizá cuando ella se le escapó.
Hombre con cordón en todas direcciones
hombre erguido y parado.
Hay otros alelados, pasmados
en los sueños.
No hay quien lo arrope
quien lo cuelgue
quien tire de él.

## XL

Suena suelta la cuerda
algo suena como si anduviese suelto
una pieza de otra pieza
como si se hubiera soltado de un conjunto
como mordida con fuerza y luego escupida
el trozo de cuerda como
resto de algo que no se tuvo,
no se toca, se deja ahí
revoloteando sobre la arena:
que no haya conjunto.
No se funde.
Se asoma sola.

## XLI

La cuerda en todas direcciones
sin cabo; tiempo sin cabeza
pero ella suelta como un cabo
en la viscosidad del río
en el barro gris que brilla en su costado,
en su lomo, un agua ancha, lenta, perezosa
se despereza el agua inconcreta
forma y deforma
con suavidad, sin dolor.
De bola dura melancólica
a agua sin grumos
una imperfección sin trozos, sin elementos
sin conjuntos; no pega, moja, se desliza
en gota, sin arenas ni zonas;
sin saber se está ahí dentro
como si no hubiera un afuera marcado;
pero hay afuera y hay marcas
y un hombre que no tiene a qué atar el cabo.

## XLII

Bruto creerse ahí dentro e inventarlo.
Darle vueltas
pero no queda dicho
ni siquiera se acerca;
se resiste
aunque parezca elástico.
Ella se escapa
deja una huella de garra de pájaro
sobre el brazo.
El lenguaje retráctil
la lengua retráctil
la corteza;
rebasar
deseo de rebasar
pero no recuerda que eso le aliviara.

## XLIII

O es él quien la dejó marchar;
ve el límite, o donde está ahora
mirando pero no arropado
en medio de la corriente, golpeado;
se ha perdido en la escalera
ha bajado a tientas, a ciegas, a locas, a gatas
en la oscuridad, donde luego una luz,
como se nace, como se nada,
hasta el rellano iluminado,
le parece haber oído algo como límite o belleza,
los dos existen, cada uno a su manera,
pero cómo encontrarle la belleza a eso,
no dijo sacársela, extraérsela
solo verla, mirarla.

# XLIV

Entre los instrumentos, las piedras,
no se encuentra la esfera de la melancolía;
hay canicas grises, verdes, azules
en un bote de cristal, que tal vez dijeran algo, pero no
ahora: más aire, viento, golpes de granizo en la cara.
La bola se ha estrellado contra el cemento.
Fue azaroso.
Desconoce el efecto.
No sabría recomponerla.
No hay cuerda en el sueño a la que agarrarse;
grises, verdes, azules, granates, anaranjadas
rayadas, moteadas, veteadas, indescifrables, y sin embargo,
las piedras son una acumulación de ¿alivios? ¿alegría?
Poco a poco la forma:
es una intemperie, es una corriente, es un bálsamo frío
cuando se intuye dónde;
más temporales, más caos, más cielo abierto, más furia,
más cacofónico. Pisotear la armonía, la fluidez.
Salen grumos, quitan la luz
en el lodazal.

## XLV

El recital en el agua no
es automático; dormir no
es automático; el deseo no
es automático, algo lo despierta
y se coloca en el lugar equivocado
se lanza hacia ahí, sin ser automático
ni matemático;
es verlas y amarlas,
se llevan a la intimidad
como si con ellas un juego,
como moños hechos y deshechos,
las bolsas debajo de los ojos tampoco.

## XLVI

Tiene una cicatriz en la mejilla;
tierna, pienso, se está curando.
En la conversación la palabra queloides,
pinza de cangrejo, pero ésta la tiene
en forma de espiral.
Dejamos de hablar y ahora parece
una anguila enroscada, una espiral tosca
sobre la mejilla blanca: aún se está curando;
habla de un hombre que la lleva por un túnel,
hacia abajo, suele ir, dice, hacia abajo,
a ver la costa, el mar, que aparece
intermitente mientras se atraviesan túneles.
Hay otro que se atraviesa la carne con banderillas,
pinceles, lápices, se los clava en el pecho, en el cuello,
por encima y por debajo de la clavícula
mientras habla por teléfono y es una mujer quien
lo conduce, su madre, puede ser la
letra A en su idioma, la del grito que se traga
circula por dentro.

## XLVII

El grito que no sabe
el grito que se traga
circula por dentro, la lluvia
por las calles, por los agujeros
de las paredes, por las tapias con eco
por las tapias sin eco, por cuevas;
bajo el agua sus burbujas, el grito que
no es, que no sabe, que no sale,
el que el ruido se traga
el que se acolcha al amanecer
a la sombra de la incandescencia
del ruido alumbrado a cada rato;
lo prolijo del trabajo del grito.

## XLVIII

Con toda la fuerza cree que sale
pero nadie a su encuentro;
por el camino estrecho grita y grita
la voz débil del principio;
no hay una piedra con la que golpear
la cabeza del que la persigue,
aplastarla contra la gravilla;
no puede salirse del camino
que parece un pasillo,
las tapias demasiado altas
bajo un cielo oscuro;
con fuerza llama
pero no sale
solo un hilo sale, cortado.

## XLIX

El perro sobre el bulto que
le ha salido al río.
Desprenderse, no quedarse pegada,
se evapora el agua
se va por los pozos del lodazal.
El hombre en lo seco, lo firme,
la única palabra que sale
se va por los poros del barro;
la barcaza que draga varias veces al año,
de lodo el lecho, de arena, de arena y brea el olor,
anémico el hilo o grito, anónimo
con el que llama
algo ha salido:
lo que la débil llama ilumina
lo mal llamado o mal dicho
maldito, mal visto,
risa sin dientes que alivia la salida
única salida de un oscuro a otro
la llama y la llamada
cortada como heces, sueños.

# L

Temblor de cables de tren
rumor, tendida, lavada,
hundimiento, luz eléctrica
chisporroteo cuanto más lejos,
se soporta el silencio
un ojo abierto
el dedo, dónde puso el dedo,
si aprieta o afloja, pero
cada vez más lejos soporta
el silencio, incluso crujir
o carraspeo, silencio, crepita
una uña que rasca la piel
a través de la lana,
sangre, heces, aire, agua
eso en el río, el iris
en las manchas de aceite.

# LI

¿Se empieza por los huesos?
¿Por los ojos?
Los guisantes flotan
en la salsa que cubre la lengua
lengua cubierta en gelatina o harina gris
lengua marrón o morada
tendida en cazuela.
Lengua en cazuela de barro en vitrina
a través de los cristales
al pasar frente a la charcutería.
Sentados en el suelo o en un banco
musitan. Amor discontinuo. Devanan, desovillan.
Uno de los párpados lo tiene caído
se chupa los dedos
chupa los huesos de las cabezas
se come los ojos de besugos y corderos
canturrea, de lejos, se deja hacer.

## LII

Las erinias, al fondo.
Formas que inventan la lengua, la saliva.
Acuáticos sonidos, ritmos
se aflojan, se acarician, las cuerdas,
más de una cuerda
en otro sentido, otro sonido,
desde otras partes del cuerpo,
abierta y mojada
empieza por los ojos.
Se han perdido las notas,
dónde están las notas.
Se olvidan la calavera, los huesos,
pero ganas de morder, de tocarlos;
desgarro del ánimo,
armazón armónico, cáscaras, caparazón
armónico, bálsamo y ganas,
momificada, pero no en vitrina.
Un armario
y luego emparedada la momia.

# LIII

No sé, la cuerda,
pero la toco, hay más de una
las toco para que suenen, no digan
vibren sueltas, en libertad;
aún sin ritmo reconocible
no siguen un modelo
a su manera vibran
de deseo al vibrar,
de vibrar sin patrón
de ritmo, o
no se reconoce.

Una escena dentro de otro tiempo
sin historia, sin anécdota, sin incidente,
vibran en pequeño, en negativo,
la mano se vuelve loca
muchas cuerdas vibran.
Huye del control de los lugares,
de los habitáculos que se mueven dirigidos,
se mueve el habitáculo manejado,
huye del control, del habitáculo,
se recortan ahí, entre árboles sin hojas
el ruido y el silencio de ahí.

## LIV

Los límites del pozo de una, habrá;
pero se puede regresar
al trozo de jardín abultado
como un estómago perforado por tubos,
disipado ahora, casi borrado;
la babosa, el caracol
con rayas y espirales
dejan su rastro brillante
en la carretera oscura
regresan a los hierbajos empolvados
se alimentan frente a la barrera.
De espaldas, dejan su rastro
como límite indiferente,
no lo muestran, lo dejan dibujado;
retorcida, desviada, la vuelta, de frente,
lo poco que asoma la barrera.

# LV

Qué se cae por los agujeros
del balcón, por qué no se encuentra
la escalera, le pregunta;
caminamos entre las tripas de las vacas,
espantamos a las ratas con palos;
de las chimeneas no sale humo
solo espuma que se mezcla con
la del mar, baba de vacas,
yodo, sal, sangre, carne
desechada, pudriéndose;
el eco de las tripas, el eco de otra
marea: los dientes estaban alineados
pero no eran de ella los dientes;
muerta pero inflamada
hasta aquí, hasta aquí hubo;
mejor seca
arrastrada por la marea.

## LVI

Hubo la inflamación
toca aquí todavía
pero si la marea se la llevó
o se la lleva sin cesar,
aquí no es la misma;
hay otras inflamadas, no secas,
ni ceniza, ni polvo;
deseo de lluvia, de que la pisada se hunda,
bodegón con estuches viejos, vacíos,
y un esqueleto de cabra
con pedazos de carne pegados al hueso,
carne que no se va del todo;
esto, dentro de un límite,
marco de madera.

## LVII

No es dulce ni dócil
lo que sale de los huesos
lo que cae o no acaba de caer
no se sabe si cae o dónde
sin fondo, sin firmeza
con ganas
al agua.

Que se vaya del todo
que la carne se cure, se seque
o se la coman gusanos,
quemar la carne, enterrarla
comerse lo que queda
chupar los huesos
escribir con los huesos, las piedras.
Quemarse los dedos, los labios,
comerse los ojos.

## LVIII

Límite puede estar dentro
como caducar, caduca, hoja que cae
tiene su tiempo, o se cansa,
para desprenderse, despegarse,
se cansa de resistir,
ir, mecerse, balancearse.
Como no hay, se construye,
se habla, se construye
dentro del tiempo otro momento,
se hacen momentos y huecos
a contrapelo, de otra forma,
caduca en la cabeza, en su cabeza.
Efecto, un efecto
va a parar como una pelota
debajo de la mesa o al otro lado del césped,
no importa dónde haya caído,
ahora es muy lejos.
Raíces y olor, al azar,
abrirse en todos lados, pero
fin, fin y lo caduco
y pesado siendo comido por gusanos.

## LIX

Azul al fondo
más oscuro abajo
entre el verde de las ramas
se ve sin obstáculos
la muerte, directa
al centro de la cabeza
entre los ojos
en la boca del estómago.
En el libro, peregrinos o errantes,
un precipicio en otro poema;
los precipicios de cerca.
La lectura se demora, me demoro en
la lectura, sin medidas, fuera
de cálculo, de objetivo, deseo
fuera de foco, fuera del círculo,
apartado del camino;
aún no ha visto las palomas
—aún no se ha asomado—
posadas sobre el capitel
que soporta el vuelo de la muralla del paseo.

# LX

Me muevo, camino,
me detengo sin motivo
justo de paso; él, no;
instalado a la intemperie
sobre un peldaño alto y ancho
se tapa los genitales con una sábana blanca
al incorporarse; habla, lo miro,
están sus objetos dispersos por el suelo,
hora de recogerlos, pregunta algo que no entiendo;
con los ojos, no pide nada,
menciona la doma o desbocarse,
aparta la vista; de la clavícula le cuelga algo,
una gasa sucia posada como un pájaro,
el ojo o lo que dice a medias o pregunta.

## LXI

Peregrino o errante
llega a la misma conclusión
o suelo; vibran cuerdas en el corazón
pero no es entusiasmo, como sexo, quizá
no se engaña; vago o estudio,
como suelo que barre y desaparece bajo los pies,
no hace pie, la conclusión es un suelo
un suelo sin pies, escenas de entonces,
de ahora, simultáneas, violentas,
¿ya dejó de sangrar? De asqueado a
distraído, suelo profundo bajo los pies,
móvil, separado.

## LXII

Sin zapatos para ir despacio
para ir rápido con zapatos
sin cordones; en la mano, los cordones
entre los dedos, pasarlos por los orificios
sin atragantarse, se atosigan
el modelo de líneas paralelas
el modelo de la trenza,
la trenza es entre dos a la vez,
en zigzag; en paralelo es solo, más lento
recorre más espacio o eso cree
no se detiene ni se sale del camino, una
vez en los orificios es cuestión de tensar
las trenzas, pero no de fuerza, de tensión
como de músculo y caen
un nombre, un palo, un gorro
sobre el piso de cemento ondulado
cae y rueda el palo que marca el palo
que apunta a otro palo;
el paso, como rama de sauce
bajo el peso de la lluvia cruje,
luego otros lo cortan
y queda el tocón, bajo, ancho, plano,
frente a una pared pintarrajeada.

# LXIII

[...] la burbuja del don:
ir hacia aquella hermosura sin ahogarse.

OLVIDO GARCÍA VALDÉS

En Bagatelle se abre un agujero
un ojo, por ejemplo, no sé si
extraño o bello
en la punta del ciprés
posado, observa, se siente mirado
pero no va a durar mucho ahí
solo una fotografía rápida,
me estoy comiendo una manzana
no tengo manos, muchas veces me
estoy comiendo una manzana
cuando veo que pasan cosas y no tengo manos;
no sé qué comen los cuervos
y le lanzo lo que queda de la manzana.
En Bagatelle las aletas de
la nariz vibran con el olor
a sexo de todos los tiempos;
él se encorva como un emisario
de citas, de encuentros.

Dos muchachas se hacen fotos la una
a la otra, posan frente a un ojo
como si fuera humano: tal vez
porque no lo es, se contonean ante él,
se insinúan a ese ojo que
ahora es inofensivo
tal vez solo conserve.

El edificio principal
está envuelto en andamios, mallas,
pero la escalera está libre,
me gustan las escaleras amplias y libres
aunque las puertas estén cerradas,
aunque haya andamios, mallas, vallas, tubos,
la escalera es amplia y libre
flanqueada por quimeras.

## LXIV

En Belvédère, si se percibe el camino
que pasa desapercibido
en un recodo, el piso es liso
de brillo gastado, dos sueltas andan
por un pasillo en penumbra, circular
de no saber qué hay detrás, la pared
de piedra a un lado, de plantas vivaces
al otro, no se dan cuenta pero
van ascendiendo, pueden arrastrar
los pies o ir de puntillas
todo el tiempo en círculo, creen,
pero es en espiral hacia el aire
que aún no se ve, agua, mucosidad
en algún órgano que no suena todavía,
arriba, esa sensación de perder de vista algo,
algunas cosas, pero la captura es en la cima,
un olor libidinoso que provoca pinchazos.

## LXV

Tras la puerta
ocurre cuesta abajo
boca abajo
entre espejos,
espejos no son rejas,
peor, no se escabulle
pero no se expone
o eso cree, se agachan
cierra los ojos, no puede
cerrarlos del todo, uno queda
semiabierto, vuelve a
la escena en vuelo
pero en silencio.
La postura ha dejado una huella
un molde, se puede romper
transformar aquello que todavía debajo dejó, deja
una marca, una marca se puede desplazar ahora,
puede que ella sea como un molde
que ya no sirve, un movimiento suave la aplasta.

# LXVI

La tela que chorrea
o se deja olvidada,
se deja olvidada en la cuerda
o en el charco,
abombado donde los genitales
las manchas del piso sepia o rojas
dejado, colgado.
Antes, el lomo en el agua
aparece y desaparece
entra y sale, luego
la cabeza, la cabeza se
reconoce, algo en los ojos,
lisa y mojada la cabeza,
presencia enorme al salir
del agua, viene hacia mí,
tengo que levantar mucho
la vista para verlo,
no hay altura pareja, pero
reconocimiento en los ojos
cierto; pesado, arrugado, lustroso
como para bolsos o zapatos, la piel;
la cuerda le ata las patas y se ahoga.

## LXVII

El agua sabe a cemento,
severo, cae
o se deja tendido
solo, se sostiene solo,
se deja ahí,
si como nuevo
si como muerto
si como dejado, dado por
muerto, si como nadie
como si nada, nadie,
ya solo lo que chorrea
o se deja olvidado
en la cuerda, la cuerda que se afloja
por el peso del agua,
se pone a secar al muerto.
Se mece en la cuerda
la tela ajada,
hilachas, hebras, pelos, pelusa.

## LXVIII

Dialogan, se dicen
dos, es un reproche
entre lianas, ramas,
arbustos, líneas de selva;
una está en el agua,
sus pies o patas en el barro
verde, no del todo de viento,
de aire posado, de sedimento
de lodo, pantanal, felpa,
fieltro, vello verde,
delante y al fondo
de mantos y tapiz
una boca medio abierta
la otra boca más abierta
o mal, maleza, hocicos
husmean ladeados, sin tocarse.

Embarrada, da pasos, más adelante
sigue en el barro
sabe a sola
callada, sale de los enredos, marañas,
se araña con otras palabras
la boca medio abierta aún y sucia.

# LXIX

Delirante después del chirrido
pero qué se le sale de los ojos
de los ojos de dónde
los ojos de quién se sacan o se salen
en la multitud, la muchedumbre,
se cruza, no se mezcla, no sé si confunde
o se distingue por el camino borrado por las hojas
no se ven los límites
no se ven los agujeros
solo lo que sobresale, salta de agujeros,
se sabe que no se puede regresar,
pero que no haya un adelante,
cuestión de abrir más agujeros,
meterse en pozos, laberintos,
partir cáscaras con los dientes.
¿Hay adelante aunque no se llame así?
Indiferencia de lo mirado, de lo que mira

áspera, pero se crea y se destruye
al verla, no verla, no se fija, igual,
si se está dentro o se está saliendo
o se ha salido, no se
tiene en cuenta el cuerpo.

## LXX

Lo que llama en la noche
es un cráneo sin dientes
en un campo con poeta
y bolsas negras de basura clavadas en la tierra
con palos erguidos, separados entre sí.
Antes han parpadeado
como si se dieran permiso para
dormir cada uno en su sueño
separados por la seda azul
del pañuelo que cubre la mejilla
de uno de ellos.
Se adormecen.
Uno de los dos no ha querido
sostener la mirada
en el desafío suculento,
se ha retirado;
destila suculencia, pero sabe de
grumos, de hilos, de lo agrio del potaje
y baja la vista y da la espalda.

## LXXI

Como si el brillo de
una de las letras de la palabra
alimentara algo como una unión eléctrica
pero ya no quiere más absorber ni rodear
a menos que no la perciba;
lo que sin significado
se extraiga, se abra en otro lugar
con algún sentido, semejanza, similitud,
pero borroso el origen, y lejano;
cercano el ruido del artefacto que
asciende y desciende,
el olor de la sala de máquinas
fascinante ¿para quién?
¿para quién se lubrica la máquina?
Manos ásperas desde entonces, escamosas,
olor como a lejía se va
con nada, vergüenza de
mostrarlas, de darla,
las palmas solo, juntas.

# LXXII

*Feria II*

Sentada en una cáscara que se bambolea
del agujero de la pared de la cueva de cartón
sale un viento frío
como de hombre pálido y
con el pelo a medio hacer
los ojos redondos, descoloridos;
no hace sino mirar sin decir nada;
yo espero a que se active
a que el cuenco se mueva
por los raíles de la feria.
Algo dice con los ojos
cáscaras o canicas mates
como si no llorara ya
como es el viento seco.

## LXXIII

Por debajo de la receta oftálmica
el trapo estrujado cuenta con los dedos
la mano; otra, como de otro brazo
lenta, toma tiempo, prueba réplica
voces, espejos, otra sustancia
las manos vueltas, el giro del amor
raquítico, muñeca simple ignora inflamada;
con los labios imita los giros de las ruedas,
las olas, que escriben a un lado y a otro
con ambas manos. No importa si lenta
raquítica o inflamada, nueva o revieja
o antigua aparece otra.

# LXXIV

Les inattendus guérisons entre les choses.
RAINER MARIA RILKE

El vuelo de la distraída
es bajo, cae como un saco por la
intoxicación de la alegría.
Rota un ala o algo que sobresale, el alero
como dormido, no del todo muerto, blando
hormiguea desplazado, «un desgarro
que produce un vuelo» (Amelia Biagioni)
pero esto es vuelo y desgarro, otro vuelo,
la cuerda acerca los fragmentos desplazados.

Pausa y continuación mientras hay vida
aunque no se sabe si se cose
ni si se vaya a coser, ni lo que es,
tal vez la cuerda sea demasiado gruesa
los fragmentos demasiado pequeños.

Arrastras con lo caído, a rastras, a vueltas,
arrastra los pies, la bolsa en el suelo,
no llega a ser lamento

¿era esa? ¿la cuestión?
Acompañarlo, a donde quiera ir el dolor,
un acompañamiento, pedal a un lado,
pedal en el fondo, un pedalear
que no cuesta, al aire, ir a la vez,
pero no es el mismo tono, azules marinos
cuadros escoceses, taxis blancos,
nubes en cuadros al pasar
mientras aprieta la mano, la cuerda, el pedal.

# LXXV

¿Habrá un cuerpo que pueda?
¿Un cuerpo que se olvide?
El deseo es otra sustancia
de pasta, de polvo con grasa, por los suelos;
una nada lejos, contenta con su descubrimiento,
la otra se queda cerca de la orilla
contempla unas manchas oscuras en el fondo
no ve sin la fuerza, aunque no sea medida,
serpentea, llega sola.
El miedo que hace volar el desgarro feliz
cuando la cuerda ¿vibre?

# LXXVI

Un lugar de tierra.
Me meto en una especie de búnker.
Hay ramas en el suelo, todo cubierto de arena,
pero por debajo hay cristal, plástico.
Me quedo un rato; no puedo ver lo que hay más abajo.
La puerta de salida es de madera, vieja, desvencijada,
no llego bien a la manilla pero puedo salir, no me quedo
                                        [encerrada.
Entre las ramas, piedras, como ofrendas para los muertos,
y un charco como si alguien hubiera hecho pis.
Me cuesta salir pero salgo. La puerta queda muy por
                                        [encima de mí,
no llego bien hasta la manilla, el piso está torcido como
                                        [en cuesta.
Me resulta muy familiar.

# LXXVII

Esta es lenta y distinta
le entran y le salen otras cosas,
no sé si se muestra o enseña
o se ensaña.
Chorro de agua contra el
amontonamiento de cuerpos
se vuelve, se mueve, sin bajeza, sin venganza,
desgarro o desarraigo,
desarraigo, desarraigas, desarraiga,
alga, beso, medusa
sin objetos la balsa y
el recuerdo de lo nuevo
la fronda, lo frondoso,
la mano solo toma el tiempo,
no se lleva nada de ahí.
Un buen lametazo, por el momento
no anda husmeando lo que sucedió;
más que palabras, era el tono sucio de la garganta
la tensión de las cuerdas,
el rumor entre ellas, áspero;
mirada, separación, distancia,
el amor hacia ellas como desde una abertura

entre las ramas, el agujero de la pared,
la fantástica intermitente.

# Dolores mudos

*Para Iñigo, in memoriam*

Alma azul, deambular oscuro
GEORG TRAKL

hinter den Herbst des
Sommers, zu viel Winter
HERTA MÜLLER

Las cosas monótonas son las más difíciles de
conocer. Nunca nos fijamos bastante en ellas
porque creemos que son siempre iguales.
SILVINA OCAMPO

[…] no estamos muy confiados en casa
en este mundo interpretado.
RAINER MARIA RILKE

# LXXVIII

No parecía y no era;
ahora ha salido del árbol
con una escopeta descargada,
le pregunto y no contesta.
Dejó el árbol lleno de urracas
con su canto ronco, de carraca,
su rechinar desapacible, *staccatto*, no lastimero,
un gorjeo, una burla.
Se me atosigan las palabras
regresa al principio
sin inicio.

Coraje, posible, valor; coraje, tal vez, ira, irritación,
pero algo «espantoso que afecta a las cosas conocidas,
familiares, de tiempo atrás» (Sigmund Freud).

¿Quién se lo saca?
¿Quién se lo extrae?

Salir volando, salirse.

Lluvia fría contra el parasol de lona,
*viento de hojarasca* levanta el borde de flecos,

la palabra en la servilleta de papel
—se titulaba así la columna de Peña Santiago—
me brota una pequeña palpitación en la cara,
incredulidad: ocre, anaranjado, luz azulada.

## LXXIX

No era lo que decía:
era alguna palabra.
¿Qué hubo?
Si era lo que decían,
tan diluido que no hay parecido.
Ir.
Reconoce.

Antes de aquello, de esto, había
hubo, una plácida *bagatelle*, breve,
una forma alegre del cuerpo,
por el desmembramiento, no el dolor, pero no era
                                        [acolchado;
armónico sí, aunque pequeño, raquítico, sigiloso,
alguna palabra que compusiera se habría encontrado,
                                        [escuchado decir,
aunque la imagen del puente, de pronto, la descompusiera.

## LXXX

Nadar abraza. Versión I

Palabras, caracoles lentos
que se deslizan entre
los hilos que cubren el piso
del cuarto; la ceniza, y el cuaderno
lleno de medidas y de cortes
al lado de la máquina, más ceniza,
el pitillo, el niño desencajado, no aún,
se deja coger por los brazos, coser
giros alrededor de su centro hasta que se descorda.
Unas palabras se quedan
arrastrándose alrededor,
otras dentro del cuerpo.

# LXXXI

Nadar abraza. Versión II

No es el centro con sus dedos
y los botones sin abrochar.
Dejarse coger por los brazos,
las palabras como caracoles lentos
que se deslizan entre los hilos
que cubren el piso del cuarto,
lo que miden en el cuaderno las costuras,
los contornos.

Un cernícalo encerrado en una jaula
un búho posado sobre la bicicleta
un cormorán entre las olas
parecen mensajes en las historias que cuenta
para no someterse, no dejarse asediar.
En el pasillo, se coloca en el lugar
de las palabras y las tapa.

# LXXXII

Al encuentro de qué, de quién.
Antes orbita alrededor de su propio centro,
lo que buscaba entre los signos de interrogación,
sin medida, sin convención, sin modelo,
de donde el dolor emanara,
de quien el dolor padeciera, el sacrificio
para quien fuera, a quien llevara, quien,
algo se llevaría; las vueltas con su centro;
si hubiera modo de desplazarlo, despejarlo o
verlo en disparejo, o en discontinuo,
con su centro, pero no parecía, no era.

Su modo de salirse
discordado.
En el surco no había palabras
en el surco, las pieles secas
las hojas secas y las hierbas secas.

## LXXXIII

Un espanto salido de su estuche
cubierto de terciopelo rojo oscuro, granate,
debajo de una almohada, cobijado.
Era su rostro y no lo era,
y las palabras no eran, y fue el vuelo.

No pesaba el cuerpo doblado,
desde el trampolín se desdoblaba,
se abría recto en el aire
se lanzaba al agua lisa.

Había alegría en aquellos saltos
se asemejaba a un gran corazón.
Duele ahora sin que el cuerpo sienta dolor.

Errar, errar, errar, y romperse las uñas.
Me protejo con el juego, los fantasmas
y el árbol lleno de urracas, que se burlan,
pero no espantan.

## LXXXIV

Del surco sale
sin palabras, solo movimiento.
El tigre muere en el incendio del bosque.
No entra palabra ni en el bosque ni en el surco.

El ronroneo era de aliento,
aguanta la respiración,
se lanza.

# LXXXV

Cuando conocí a Molloy, pensé en ti.
Antes de que te lanzaras al vacío
estaba yo detenida en una escalera
ante un cuerpo grande
con un delantal a rayas
acostumbrado a vivir entre carne y a tocarla.
Es otra la escalera
y me equivoco de puerta.
Al final de la página había escrito «tranqulizarse».
Se lo cuento a una desconocida
que no es padre ni madre
tras atravesar la puerta a la que llamo y se abre.
Salen imágenes, una bolsa de plástico
con papeles escritos y una cuerda.
Una amiga ha escrito: «espantar las consecuencias
dolorosas, ásperas».

# LXXXVI

Tus espacios no son los míos;
tengo un lugar donde construyo el derrumbe;
no en el muro donde los gitanos tomaban el sol
ni entre los bidones azules de la playa;
es más bien una charca, un charco
de aguas turbias con restos de ruinas
piedras disparejas de otros tiempos y materiales,
casas a medio hacer.
Ando por ahí y me dices
que no te gusta; me presentas
a hombres con los brazos peludos y garras
que me expulsan sin tocarme
y encuentro un círculo de culantrillos;
me tumbo sobre él, que cede
y me voy hundiendo
en ese agujero verde mullido
que, por momentos, es lo menos no mío.

Pero no enmascararíamos charcos con tablones.

# LXXXVII

Leo con curiosidad la carta del amigo,
el amor que desprende, la oscuridad.
«Oscuro y tierno», el norte
(Alfred Lord Tennyson) será verdad.
No había luz en el pasillo,
la sola gris y verde en el cielo aún no.

El parecía no querer escuchar
o tal vez quería no parecer escuchar;
recuerdo haberme equivocado de puerta ese día.
Nos separan peldaños, círculos invisibles,
«matar o morirse, el duelo» (Marcel Proust)
esa incertidumbre, «en nombre de una mujer
desconocida». Andamos cercados por círculos;
destartalados por palabras que no se dejan escribir.

# LXXXVIII

Una boca antigua cacarea
que no tiene, pero no duele ni revuelve
la carne cruda que da a los niños destemplados,
al cernícalo en la jaula del patio.
Un día con un hacha
le cortó la cola al perro atropellado;
lo salvó como nunca quiso a los gatos.

Deseo, impulso
sin obstáculos desde el pozo,
sin palabras para la salida, el salto
el vuelo, la caída.
Me muevo con un ronroneo que es de aliento,
apenas se ablanda lo que ha sido petrificado.
Los golpes de la cadena acompañan,
su cadencia
su estilo.

## LXXXIX

En silencio o espantado
no lo vi
no te vi.
Algo limpio, de aire,
en el carbón, en la lejía,
en los arañazos, en la barandilla,
va más allá de los barrotes.
Cierra, cree cerrar,
pero no cierra, corta.
Corta, deja abierto,
como las gafas sobre la mesa.

## XC

La historia de la mente,
la sopa posible.
¿Qué pongo ahí?
¿Un cuchillo, cebollas, zanahorias?
Las cortezas de pan
repantigadas, panchas
hinchándose al calor.
El año que se quemaron
estaba rica aún, otra vez
a vueltas con la cuchara de palo
a lo mismo, ahí sí hay centro,
y carne de pescados bañándose entre las algas.

## XCI

De la vida la cura hacia eso;
de cerca, inquieta;
solo la cura
tan difícil como recordar notas de Alban Berg,
una frase; tal vez él la canturreó
y se volvió, se fue más lejano
con un canturreo extraño, nuevo que
deja de ser repetición o de
cuando cesa la repetición.

## XCII

Rechazo el olor, las manchas
pero la sensación de haber tocado
se me queda en la mano,
la de haber tocado un trozo de cuerpo
como un cartílago; me pregunto
por qué sensación y la palabra,
por qué el nexo es la sensación en la mano
de haber tocado sin recuerdo de haberlo hecho.
Que el cartílago fuera el nexo, la juntura,
y no una palabra, porque no había.
Sería como el guion entre dos nombres
si la palabra, la mirada, dijeran, vieran,
pero no; ni siquiera el cuerpo ahí delante, no.
Esto viene de otro lugar.
El cartílago como algo de papel vegetal,
de este papel ahora.

# XCIII

El desorden biográfico de la poesía.
Son algunas de las aberturas que
se producen en el viaje,
en el movimiento. Por ejemplo,
Dylan Thomas en un panel sobre un banco
en la caseta que protege de la lluvia;
un fragmento de *El Bosque Lácteo*. Hay
un cormorán que se desliza. «El cormorán,
como si siguiera a su largo cuello estirado,
tenso, en una persecución eterna» (Virginia Woolf).
Él lo miraba desde el extremo del paseo
en el agua revuelta, entre las olas; sobre la bicicleta
tocaba el suelo solo con la punta de los pies.
Compramos el cuadro de un pez en el barro,
sobre huellas como cuerdas imposibles de tocar,
se desmenuzarían como las conchas, raras de
tan blandas, como pedazos de galleta.
Estudiaba a los románticos cuando me dio la noticia.
El libro con el caballo blanco, salvaje
en la portada. Hacia la muerte como caballo desbocado,
«¿quién llama? ¿de parte de quién?» (Leonard Cohen).

## XCIV

El arrastre no rueda.
Quería retratar la vista desde la torre,
el horizonte circular entre las almenas
desde los lugares de salto,
pero no con sus ojos, ni mis lentes
ni la cámara; el arrastre no rueda
el disparador se encasquilla;
lo perdido no se puede retratar,
ni lo que entra por la vista,
la luz que vuelve verdosa la arena,
la luz que amarillea la hierba,
la luz color mostaza de Dylan Thomas.
Pasos mullidos sin ecos
raspan la arenisca roja;
deambula; me lo encuentro,
como manchas de color granate
o cormoranes que se pegan a los ojos.

## XCV

Dentro de ese granate
cuadro de camisa, zapato, coche,
cajetilla de tabaco, tinta,
pero el muchacho es azul y verde
mar; duermo a su lado
sentada en el suelo del coche,
la cabeza apoyada en el asiento de atrás, que
le roza las piernas, como dormida en su regazo.
Era Despeñaperros,
pero el otro ya había muerto.
Amores.
Morires.

## XCVI

Distintos fuegos,
misma cafetera vieja,
índigo, tal vez,
en los cuadros de una camisa,
demasiado ancha, demasiado larga,
o tal vez la llama del gas, ojos verdes
difíciles de imitar, tienen algo
más vegetal que marino,
verde oscuro, piedra preciosa
rayada, golpeada; es el gato
en el incendio sin agua;
la historia de la mente, quizás
posible el desorden
biográfico de la poesía.

# XCVII

Lo acoge con la boca roja
amoratada, la llaga roja amoratada;
un niño rubio camina en su mundo
mientras una mujer da lecciones
en el aire y señala el error, se
abre un socabón y lo limita con unas luces rojas;
la golpiza del mar; el rumor incesante,
el bramido, de cerca, una mujer, otra, que lo mira
al ritmo de las ramas grises de los tamarindos,
cabelleras verdes, pardas, con la boca amoratada
la llaga en plano desatado, ella
inmóvil, atada a su paraguas
sonríe al desconcierto, a la voz
del viento «… el hachazo del cielo, resplandeciente
de desprecio» (Jean-Yves Bériou).
Quieta, sonríe algo;
abyecta, descarriada
aberrada, errabunda.

# XCVIII

Por el camino de arena del pinar
caballos de madera
como caídos de un carrusel,
huesos de sepia, moco de ballena,
en la punta de las orejas, en las patas,
camino de gusanos peludos
de un anaranjado zorro.
Me huelo los dedos, son arena y resina;
entre las ramas una música interna
para los suicidas.

## XCIX

Un hombre sentado frente a mí.
Comemos como en familia.
Un niño le roba patatas del plato
y el cuello se le estira al hombre,
los labios se le alargan
y casi le llegan a la mandíbula.
Quiere matar a su esposa; que la mate
le gritan desde otra mesa;
una mujer se sienta a la cabecera
y es mi madre. El sacrificio es largo.
Tan largo como el sueño.
Por la casa del hombre, exquisita, luminosa,
llena de cuartos comunicados entre sí, huyo,
pero me detengo a mirar libros, jarrones
con flores, trato de abrir las ventanas.
Lo veo en una de las habitaciones; ha volcado
ligeramente una pecera para que los peces salten;
no cae agua, no caen ellos, él no me ve.
Está de pie y escribe una nota
apoyado en el saliente de una biblioteca acristalada.
Con la mente lo impulso
sin palabras, no me ve,
como si con solo desearlo fuera posible.

# Danzas de la muerte

La creación literaria es una aventura del cuerpo y de los signos que da testimonio del afecto: tristeza como marca de la separación y como inicio de la dimensión del símbolo; alegría como marca del triunfo que me instala en el universo del artificio y del símbolo que intento hacer corresponder de la mejor manera posible con mis experiencias de la realidad.

JULIA KRISTEVA

# C

Los pozos recuerdan
no sé si el mango del cuchillo
el hueco del pedal
la tela incandescente lejos,
gusano de luz mojado
intermitente de una curva a otra
los muslos empapados
el granate en la piedra, el cuadro,
el golpe o la lengua;
la lengua inflada, hablan
como si la tuvieran, no él;
lleno el guante de aire, pulmón
mío, sábana, media
luz; todo esto sin centro, pero con-
tenido de tela, y así tendido
en la cuerda.

## CI

La escalera, los zapatos,
el túmulo detrás de una
de las puertas, enrejado,
visitado de noche, se ve
desde una de las ventanas,
y cómo el amor es estar
dispuesto a humillarse;
coinciden en un punto oblicuo
a veces; al menos existe la escalera;
la cúpula ya no está arriba;
las tripas siguen abajo,
en el hueco oscuro, con los tubos.

Contemplo el ritual
alrededor del túmulo,
ahora lo entiendo,
entre la niña y la vieja
sin comprender lo que dicen,
apenas se vuelven;
una mira hacia dentro con
los ojos de fuera
y ve las formas tristes y mudas
pero en danza.

## CII

Solo la vieja y yo hablamos,
la niña no habla.
En la linde del bosque el túmulo,
en el bosque de la espesura
el sátiro detrás de un árbol,
agujeros en el bosque desnivelado;
conoce el camino; un camino
aproxima y aleja.
Conoce al sátiro y reconoce el tintineo
de los colgantes, la melodía de
la flauta que irrita, o empala, o empalaga.
No deja marca. ¿La dejó en la lengua?
La noche no es hora de sátiros
pero está ahí, detrás de un árbol,
de otro árbol. Le ofrece una cuerda.
No es con ella. Los hilos caen débiles
unos hilillos rojos,
el cuello cada vez más rígido,
las campanillas se sacuden,
el repiqueteo se aloca, se ahoga.
Limpia, la diminuta navaja
se dobla.

## CIII

El pedal
y el pie se va en el aire
y no se encuentra
salvo en los pasos de la danza
por el final; no son aprendidos;
deja de imitar los movimientos de la vida
los sueños que se apoderan y los encogidos;
salto del tren
pero no es el final;
danza delante.
Uno se abalanza hacia los objetos.

# CIV

La del pie vendado en la urna
viene del salto en un baile
en un cuadro, en un afiche
enmarcado en una de las paredes
de la habitación; se ve cómo
se rompió el tendón; entre
los tutús corre el concierto de
Aranjuez, corriente que refresca
las mallas pegadas a los músculos.

Se asoman los tubos del órgano
expulsan un aire sin ritmo.
Quedó desbaratada la escena de la bailarina,
hilos de espárrago
de lata oxidada de Aranjuez
de roña de filo sin fin del cuchillo
o la curva afilada del machete
que corta cabezas de pescadilla.
Era broma el concierto de guitarra triste,
el pie roto, el pie dormido, perder trenes,
un mundo en la bombona de gas,
en un saco de carbón, en una caja de hielo,
y la tortura de los tubos,

no deja de pisar los pedales
del órgano, filo continuo
que no deja de atravesar las cosas,
muertes que siguen vibrando.

La danza de la muerte
será que no quieren irse.
La broma del sátiro: para morirte mejor.

## CV

Con el trabajo convalece hacia la cura
dice el poeta; lo que puede estar
pasando por el cuerpo, por el cuerpo pasa-
jero en el cuerpo; andan por las bocas
las cáscaras de las palabras
ineptas, inertes, insípidas,
sin noticias del sueño.
Soliloquio de la niña desarticulada
de bailarina sin pie
colgada de la pared.

Lleno de aire otra vez el órgano,
los tubos, las burbujas, solo
el cuchillo podría parar la música,
un cuchillo largo y bien afilado
que atravesara y desangrase contra
la cara, la casa, la cama;
el pozo sería de sangre,
se reiría de sangre, un largo desangre
entre calles y a lo largo del puente.

# CVI

Otras semillas de palabras
remitirían al amor, imitarían el amor
y el miedo al amor, a los excrementos,
una especie de asco, un asco hacia lo
mismo, uno mismo, y a las heces.
El miedo se convertiría en heces
excrementos cuando los tubos del órgano
perforaran el estómago.

En el puente, un árbol que camina
se agita en el vendaval sin viento,
en su propia tormenta se cae,
es otro con tormento y se sacude
como electrocutado, cae y camina vivo.


El tormento de otra a su lado camina,
lo no dicho se mueve, parece articular.
Queda algo de luz en los faroles abombados del puente.

# CVII

Acción certera y precisa
o alocada
sin el concierto o no sin él
pero amoldado a uno
donde uno no tiene nota;
se desanuda; chirría o resbala
por fuera; un corte.
Ahora me sobresaltan unos pantalones amarillos
colgados hacia la calle desde un piso alto;
es otro tipo de danza
pero ahí dentro no hay nadie.

# CVIII

Vacío, pero hay un vaho
en una bolsa de papel
donde había llevado su camisa de cuadros;
quería un norte intuido de pronto, un frío parejo
al hueco entre el brazo y el corazón
donde fragmentos orgánicos, imaginarios, esparcieran
variaciones de tristeza, tal vez, semillas ingrávidas.

Lo veo reposado de lado, seco
como hipocampo pegado a la roca
olvidado por la marea brava
que no regresa aún a buscarlo.
Dibujo sobre el agua
creo con los ojos
una isla a la que se va a dormir:
imperturbado, abierto, acostado,
lo dejo ahí.

# Índice

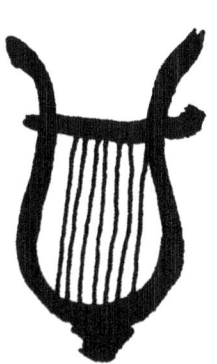